미완의 언약

최화수 시조집

이 도서의 국립중앙도서관 출판예정도서목록(CIP)은 서지정보유통지원시스템 홈페이지(http://seoji.nl.go.kr)와 국가자료공동목록시스템(http://www.nl.go.kr/kolisnet)에서 이용하실 수 있습니다.(CIP제어번호: CIP2016028212)

미완의 언약

지은이 · 최화수
펴낸이 · 민병도
펴낸곳 · 목언예원

초판 인쇄 : 2016년 11월 25일
초판 발행 : 2016년 11월 30일

목언예원
출판등록 : 2003년 2월 28일 제8호
경북 청도군 금천면 선바위길 53 (신지2리 390-2)
전화 : 054-371-3544 (팩스겸용)
E-mail : mbdo@daum.net

ISBN 978-89-94733-51-7 03810

저자와의 협의에 의해 인지를 생략합니다.
이 시집은 2016년도 경상북도 문예진흥기금의 지원을 받았습니다.

가격 : 10,000원

미완의 언약

최화수 시조집

목언예원

■ 시인의 말

두 번째로
우리 고유의 정형시를 담아 상을 차린다
한없이 모자라지만
부모님이 좋아하는 나물 몇 가지에다
꼬맹이에게 발라 먹일 생선 두어 토막
며느리가 끓인 따뜻한 고깃국
그리고 텃밭에서 딴 과일 몇…
콩꼬투리처럼 오순도순 모여 앉은
가족의 밥상을 닮은
시의 상을 조심스레 올린다
분홍빛 온기를 나누고 싶다

2016년 11월 가을
최 화 수

CONTENTS

미완의 언약

— 최화수 시조집

01 더벅머리 빗질 놓고

가오리, 날다

꿈 하나 꼽쳐 쥐고 바다를 탈출 했네
종이옷으로 갈아입고 살점마저 발라낸 몸
창공을 고누어 나네, 해를 섬긴 어미처럼

꼬리를 곧추세워 하늘 길을 오르네
바람을 경배하여 천둥 번개 피하라던
얼레의 지엄한 당부, 붚대다 놓칠 줄이야

무지개 능선 위로 날개 한 쌍 다가오네
어머니, 새가 되어 '태양을 먹은 새' 되어
겨운 빛 안겨주시네 해를 훔킨 오색 연

*태양을 먹은 새 : 김기창 화백의 그림

어떤 해맞이

새해 아침 양말들이 해맞이를 하고 있네
베란다 빨래걸이에 오순도순 걸터앉아
동녘의 햇귀를 당기며 언 발을 호호 불며

다랑논 오르막길에 늘쳐진 할아버지와
갓 걸음마 앙증맞은 꼬꼬마 손주들도
척척척 발을 맞추며 벅찬 꿈을 다지네

기가 죽은 외짝들도 덥석덥석 새 짝을 맞아
색 달라도 도란도란, 엇 난 무늬도 끄덕끄덕…
짝짝이 저 미쁜 결의決意, 슬픔마저 부시네

옥수수

속적삼 겹겹 입고

더벅머리 빗질 놓고

삼복을 견디면서

목숨 겨눈 장좌불와

그 몸을 엿보다 흠칫,

모로 박힌 생 사리舍利

스며들다

패트병, 물 가득 부어 오미자 한 줌 풀었다
꼬들한 성깔대로 수면에서 버티는 그녀
“하루면 녹아날 거요” 상인의 말 믿을까?

하마나 경계를 풀고 슬며시 다가서나
한 나절 눈 못 떼고 어르다, 다그치다
마침내 속내를 푼다 분홍빛 우련하게

제 살을 우려내어 저렇듯 섞이면서
어느 새 새콤달콤 홍자색 찰랑 댄다
사랑은 가없이 서로, 스며드는 것이라며

야단법석野壇法席
–은행잎을 보며

다람쥐도 합장하는 산사의 시월상달
큰 스님 목탁 소리에 다라니가 깨 날 무렵
동자승 노란 웃음들
해실해실 모여 앉네

엉넝이 날싹대다, 다소곳이 조아리다
가부좌 힘에 겨워 염주 알 만지작대다
불현 듯 엄마를 놓친
아린 날을 굴리나

상처를 어루만지던 그 체온을 흠흠대며
아직은 귀에 설까? 방하착放下着 떨켜의 법문
천千의 손手, 일제히 내려와
먼 길 열어 주었네

천둥

천상에 살림 차린

천생연분 비익조 한 쌍

뭐 땜에 세간들을

우르르 쾅, 부수어 댈까?

사랑은 부싯돌처럼

부딪쳐서 불이 붙나

하짓날

작달비 콩을 볶다
떠나간 밭머리에

나주볕 퍼질고 앉은
개미들의 붉은 저녁

두렁에 스크럼 짜고
산그늘을 밀어 낸다

길 밖의 길을 걷다
몸을 내 준 지렁이를

느꺼운 듯 끌고 가는
때 늦은 개선凱旋 앞에

늘쳐진 제 그림자도
낮게낮게 따라 간다

끝사리

동네 어귀 저 까마중 추분을 놓친 게다
늦둥이 열매들이 새파랗게 질린걸 보면
아마도 되알지게 사는 법 익히지 못한 게다

곁에서 응원하던 풀벌레 언질에도
수시로 다녀가던 밤이슬의 귀띔에도
그 여름 지천이던 볕, 귀한 줄 모르더니

더 먼저 알았나 봐 볕살 야윈 가을 해가
여름 내, 한 올 두 올 잔광을 잇대어서
쟁여 논 열 서너 날치, 그 볕 죄다 내 준 게다

무늬

내 삶이 그린 무늬 뜻같이 그렸을까

사방팔방 잘 나가는 연속무늬 펼치려다

더러는 흐릿한 선에 방향마저 혼미했다

마음이 회오리치면 단독 무닐 그렸다

밑그림도 단순하게 나만의 색을 얹어

함부로 지울 수 없는 지문 같이 선명한

나이

분홍물감 살짝 먹고 가을 여뀌 피었구나
쏘옥 쏙 아기 손톱꽃 이삭처럼 펴오르면
막내가 반색을 하며 꺾어달라던 꽃이었다

나쁜 꽃이란 어미 말에 "꽃도 나쁜 꽃 있어?"
아이의 말간 눈이 토끼 눈처럼 동그랗던
그 아이, 아비가 되어 여뀌 꽃을 가르친다

꼬투리 경전
—윤선도 유적지에서

배 띄워 시름 읊던 그 문장들 돌아왔네
시인의 붓채를 쏙 뺀 장삼 빛 꼬투리들
세연정 건너편 숲에 주저리로 열렸네

홀린 듯 내 물음이 그 속에 들어 앉네
안남미安南米 선밥처럼 겉도는 생각들을
찰지게 행간에 담을 해답하나 얻을까?

세연지洗硏池 조리질하여 시환詩丸 한 알 건져 올려
오롯이 살 오르도록 애면글면 길렀나는
꼬투리 내밀한 말씀 햇살 받아 아리네

편편이 익은 강론 또박또박 필사하다,
내 안에 갇혀있던 어눌한 문장 하나
행간을 기웃 거리네 젖은 눈빛 반짝이며

*세연지 : 보길도 세연정에 딸린 연못이며 소동파를 모신 사당의 세연지(시인이 붓을 씻어 연못물이 검게 변한 못)에서 유래함.

늙은 호박

화개 장터 전시장에 바위만한 늙은 호박

포옹한 행인들이 셀카 마구 터뜨리자

제 맘속 좀 찍어보라며 씁쓰레 웃고 있다

여름 날 땡볕과 폭우, 우레마저 견딘 수행

빈껍데기 행인들의 범벅타령 못들은 척

화안한 부처의 얼굴, 화엄 만 리 건넌다

너무 늦은

늦장마 지나간 뒤 신발장을 열었다
멍하니 가부좌한 늙은 신발 한 켤레
곱고도 아픈 저승꽃, 하명下命을 기다린다

칼 힐은 아니지만 꽤나 높던 하이힐 굽
열성이라 포장한 나의 꿈, 너무 무거워
때로는 기우뚱거리며 무너질 듯 걸었다

무수히 긁힌 자국 하나 둘 되작이다,
늦어도 너무 늦은 미안함이 솟구쳐서
말없이 상처를 닦는, 내 손 끝에 이슬진다

위대한 전시회
—어머니의 빨래 널기

붓, 잡아 본 적 없이도
대작大作을 내 거신다

바지랑대 받쳐 올리자
생동감이 뚝, 뚝 듣는

하늘이 배경을 맡은
어머니의 설치미술

지문 없는 손끝이 낳은
무수한 흔들개비

바람의 무등을 타고
하늘 마구 흔든다

내 평생 시늉만하다
못 다 배운 저 경전

02 저 풀꽃 아금바른 꿈

알래스카를 얻다

말이사 바로 하지 아산 할매 외며느리
무일푼 짧은 가방끈 속도위반 혹뎅이까지
온 동네 개망초 피듯
소문이 만발 했네

투박한 며느리 손, 만능열쇠 달렸는지
닫힌 신수 척척 열어 자갈밭도 알바기라
시어미 알래스카로
효도관광 보내다니

가이드 양, 침 마르게 자랑하던 그 땅덩이
천정부지 땅을 꼽다, 며느리가 바로 기라!
두 손을 뜨겁게 잡네
굳은 어깨 토닥이며

가을 새의 노래

느티나무 빈 가지에 정수리 흰 새 한 마리
울음을 토해 낸다 투 · 투 · 투 숨이 멎을 듯…
곡조도 앗긴 아니리*
초승달이 엿 듣는다

한 생을 시앗에게 뺏겨버린 외할머니
목화 거둔 빈 이랑에서 울먹울먹 삼키시던
그 노래, 뱉어 내시네
목이 잠긴 새가 되어

하늘이 돌아 앉아 별도 따라 스러졌던
낙장불입, 쭉정이 삶을 서거운 노래로 채운
그 패를 뒤엎고 있나
검은 융단, 부시다

*아니리 : 창을 하는 중간에 이야기하듯 하는 형식

가을 나절

또글또글 갈 볕 들자, 볏을 닦던 맨드라미

"얘들아, 볕 모으자 가을걷이 늦을라"

사랑초

배실거리다

조막 손 쫙쫙 편다

옹그린 목을 뽑아 꼴깍꼴깍 볕을 마시고

"미지개 꼬지개" 이파리들 캐득 거린다

샐쭉한

꽃들도 호호

사랑 덧댄 가을 나절

값, 세다

명품 냄비 반값 할인!
단숨에 질렀다

주인을 꼭 닮았다는
공치사 덤으로 얹어

살가워 맹세를 했다
애지중지 하겠다고

잦은 나의 실수로
까맣게 타 들어간 속

뭇 수세미 어루만져도
눈 까딱 않는다

내 미처 셈하지 못한
그녀의 꼴값, 세다

무질서

꽃들도 나름대로 피는 차례 있나 보다
눈 속의 매화 먼저 꽃등을 걸고 나면
줄줄이 바톤을 받아 고운 태態를 뽐낸다

진달래 꽃눈 뜨다 된 바람에 멈칫 하자
"까짓것, 서추상스레 차례가 뭐 대순가?"
앞질러 간드러진다 맨 끝줄의 개복숭아

얼결에 너나없이 화르르, 핀 봄꽃들
향기마저 뒤죽박죽 제 풀에 지쳐갈 쯤
돋을볕 휘얼훨 내려 잎새 경전 펼친다

어떤 응원

달포 째
굳게 닫힌
낡은 셔터
누가 여나

민들레
어린 손이
까치발로
노크를 하네

세상은
환한 두려움
귀를 쫑긋
세우네

잡초

모속에 섞여 자란

무논의 피, 팽 시켰다

보리밭의 장다리도

사정없이 쑥, 뽑았다

바람이 슬며시 다가와

내 목덜미 꽉, 잡는다

물의 경전
–진주남강 유등축제

은하수 곱게 내려 어둠을 닦는 저녁
남강은 청머루 빛 너른 품을 열고 있다
그제야
오만가지 등燈 무명을 벗는다

바람의 난도질 가뭇없이 꿰매가며
민무늬 물 밭에 이랑이랑 불이랑 지펴
물은, 불
적이 아니라며 온몸으로 껴안는다

등불로 되살아난 논개의 얼 일렁인다
결기 찬 붉은 몸짓 저려오는 푸른 눈빛
진주성
얇은 풍등風燈도 귀를 세워 듣는다

몇 천 년 닦으면 경계 없는 물이 되나?
풀어도 풀리지 않는 청맹과니 수수께끼
강 머리
허리 휜 노송
물의 경전 읽는 밤

*풍등 : 임진난 때 병사들이 군사신호로 하늘에 올린 등.

화병의 봄

봄 기척 슬슬 온다
베란다가 왁자하다

얌전이 목 베고니아
왜 저리 몸을 꼴까?

고얀 것
잡초 한 포기
발 밟고 올라섰구나

단숨에 팽 뽑았다
꽃 애기들 까무러친다

잠시, 마음 멈추고
화병에 옮겨 주자

그단새
막 웃어 댄다
노란 목젖 다 내놓고

봄, 운현궁

귀 닫아라 문 닫아라
서녘바람 단속하라
호령하던 님의 입김 아직도 남았을까
빗장 푼 대문을 두고 까치 슬쩍 담을 넘네

열렸네 첩첩 대문
청사초롱 반겨 맞네
벽안의 새 신랑이 초례청 들어서자
노락당 갓 벙근 매화, 하객맞이 바쁘고

너와나 마음에도
운현궁 한 채씩 있지
빗장도 풀어 놓고 먹빛도 이미 지운
저 별궁別宮, 별 같은 봄을 헤아려 볼 일이네

평등

길 건너 과수원 집 귀가 큰 누렁이 형제
해 종일 목청높인 해거름 밥 바라기엔
김칫국, 찬 밥 한 덩이
게 눈 감추듯 사라졌다

놀이터 산책하는 우아한 견공님들
꽃무늬 원피스에 앙증한 양말까지
고기 캔 깨적거린다
애기인양 떠먹인다

'도'도 '개'도 다 나서는 바캉스 철 돌아왔다
죄목이 무엇일까? 견공님들 유배 간다
과수원 누렁이 형제
낮잠 한 숨 즐기는데

뒤집어 봐

1
하늘색 블라우스 색이 고와 대뜸 샀다

어쩐지 입을 때마다 꼭꼭 찌르던 등솔기가

오늘은 목화솜 같다

안팎이 뒤집혔군!

2
오랜만에 소꼽친구랑 수다를 늘어놓았다

어릴 적, 병원놀이하듯 말끝마다 침을 준다

귀에게 처방을 내린다

"뒤집어 듣자 저 말들"

별 넷

놓칠세라 내달려 탄, 밤 10시 전동열차
빼곡한 맨 끝 칸 촘촘 겹친 눈빛 너머
나를 본 오누이 엄마, 발딱 서며 앉으라네

꼬맹이, 별 같은 손으로 별사탕 집어 주네
동생도 빨간 별사탕 내 입에 쏘옥 밀자
별안간 지하철이 날아 은하철도 달리네

엄마별에 오누이 별, 반짝이는 별이 셋
직녀별과 베를 짜던 내 유년도 반짝반짝
별 사탕, 요 맛에 녹아 나도야 별이 되네

걸리버

간밤에

용꿈 꾸고 신이 난 왕 지렁이

기어서 칠흑을 뚫고 꽃 섶에 나타났다

지나던 개미 군단이 초특급 호들갑이다

포위하라!

왕개미가 신호탄을 터뜨리자

구름 떼로 모여들어 영차영차 밀고 끌고

꽃잎에 문자 찍는 놈, 기네스북에 올리나 봐

나만 몰랐나

서울행 승차권을 갸웃대며 보고 또 본다
'KTX 산천'이라… 서울 지나 산천이 있나?
그 사이 서울행 열차가
빈 선로로 들어온다

얼떨결 또 한 내가 기나린 듯 들어선다
둘이는 볼을 부비며 레일 위 한 몸이 된다
강물만 몸을 섞더냐,
포옹한 채 달리는 철마

차창 밖 배웅하는 플래카드 푸른 글자
'산천이는 우리 철마' 나도 몰래 웃음이 난다
산천이, 나만 몰랐나
산천어 닮아 붙여준 이름

봄바람, 동피랑에 멈추다

동백꽃 다 울려 놓고 시큰둥한 저 봄바람
동피랑 오르막길 야지랑 치며 오르다가
벽화들 수상한 눈짓에
딱, 걸려 발 멈춘다

벼랑 틈 사이에 풀꽃이 쪼그린 채
금새 바다로 뛸 듯 아찔하게 내려다본다
바람은 부동자세로
눈 화살을 겨누고

어쩌면 저 벼랑에 보금자릴 틀었을까
볕뉘가 기른 씨앗 솜털 옷 입히고 있는
저 풀꽃 아금바른 꿈
바람은 판독 중이다

*동피랑 : '동쪽 벼랑'이란 뜻이며 통영에 있는 벽화마을.

익산 코스모스
–보석 전시장에서

가람 선생 숨결 서린 익산 벌 보석 전시장
바람은 은빛 휘모리 코스모스 허리춤 잡고
꺾을 듯 흔들어 대도
안간힘으로 바로 선다

알숨달숨 빛을 뿜는 요정 같은 저 보석들
눈 화살 꽂을 때 마다 남도사투리 맛깔 난다
기우뚱, 내 서너 달 연금
한 나절을 시이소 타고

코스모스, 내 별명이 설핏 떠오르자
'황금 보기를 돌같이…' 옛 말씀도 덤으로 와
지금 난, 익산 코스모스
흔들리다 곧추선

03 바람도, 자국 남길까봐

접시꽃

울타리도 없는 집에
앙버틴 꽃대 봐라

여윈 허리 쉴 틈 없이
웬 꽃은 저리 많누?

홀어미, 아홉 꽃송이
꽃맺이 치뤘다니!

불어난 식솔만큼
그릇 난리 치룬 명절

간밤엔 접시 빚는
도공을 꿈꿨는지

인동 댁, 정수리마저
동글납작 접시네

낮, 달맞이 꽃

첫 눈빛

주고받다

정분이 났나 보네

설레는

달 바라기

날밤을 샜나 보네

나절 볕

저리 들볶아

애만 탄다 노랗게

가을, 보름달

가을 밤
멧새가 우네
떠난 엄마
그리운가

달래나 못한
상현달이
요 며칠
볼 살을 찌워

둥그런
엄마 얼굴로
깃 벌려
웃고 있네

초저녁 하늘

초저녁 하늘학교
교문 활짝 열렸네

칠판엔 '0교시 자습'
구름 녀석들 살 판 났군

먹구름, 또 찍혔구나
떠든 아이 이름표

눈썹달 방긋 웃으며
그림을 그리자네

날개 달린 코끼리
몽실몽실 양 떼들…

노을도 붓을 들었네
분홍 그림 전시회

클래식의 반란

회색빛 휴일 아침 채널만 뒤적이다
때마침 클래식 음악, 미간이 좀 펴진다
벙글던 군자란 꽃도
화면에 눈 맞추고

어, 연주자 복상 봐라 정장에 웬 운농화?
위풍당당 금관5중주 그 무게를 상상하다
곡목이 '왕벌의 비행'
난 그만 아이가 된다

별안간 왕관 쓴 벌이 종횡무진 날아올라
"위잉 윙 날 잡아 봐라" 꼬까신은 숨이 찬다
갑자기 트럼펫이 꽝!
벗겨진 내 꼬까신

봄 날

장다리 노란 꽃 떼

목덜미 휘어질라

철부지 봄바람은

막무가내 목마를 타고

나비도 소풍을 나와

날개 접고 꽃이 된 날

진달래꽃

누가

저 산자락에

불씨 묻어두었나

봄바람,

보얀 입김

연신 불어 대더니만

불이다!

여기저기서

화르르 타는 불, 꽃

눈 온 아침

새벽별
배웅하고

풋잠 곁에
밝은 아침

저리 흰
융단 만 필

밤 새 누가
깔았을까

바람도
자국날까봐

발을 들고
지나간

고사리 처녀

새벽달이 갓 비질한 신수도 봄맞이 길
섬 꽃들 앙가슴 열고 몸단장 부산하다
저 민낯
고사리처녀도
배꼽인사 설렌다

겨우내 다진 마음 허물허물 녹는 소리
봄만 되면 홍역 앓듯 뭍으로 갈 꿈을 꾼다
먼 수평
돛배 한 척이
품을 열고 다가오는

달과 나

해 지자, 산등성이 걸터앉은 보름달

산책 나선 나를 보고 천치같이 웃고 있네

어릴 적, 도깨비바늘

그 악동이 웃고 있네

사분히 걸음 떼자, 내 앞을 내닫는 달

아파트 옥상에 올라 턱을 괸 채 껄껄 대네

악동 티 슬쩍 가리고

느끼하게 내려다 보네

헬스 기구에 올라서서 허둥대는 나를 본 달

구름을 밀치고 나와 걱정스레 밝혀 주네

이번엔 내가 빙그레

달맞이꽃 되어 주네

텅 빈 봄

봄바람이 부추겼나

마을이 텅 비었네

동백꽃 이운 가지

거미집도 텅, 비었네

벚 꽃잎 팔랑, 날아와

꼬옥, 붙어 집을 보네

겨울 거리에서

올 들어 젤 추운 날
신호등도 얼었나봐

소녀가 감싸 안은
한 다발 산수유 꽃

신호를 기다리다 지쳐
초롬한 눈 깜박인다

소녀는 따스한 입김
호오 호, 연신 분다

옴츠린 노란 요정
바스스 고개들며

신호등 불 들어오자
봄빛이라 소곤댄다

이른 봄

소소리바람
칼춤 춘다

개나리네
안절부절

숙여라!
엄마 목소리

납작, 엎딘
어린 가지

밤새껏
별빛을 당겨

잽싸게 친
노란 울타리

여름 밤

미리내 무도회에

별이란 별 다모였다

눈이 부신 저 춤사위

하늘이 외려 좁아

능선에 휘모리로 번쩍!

별천지天地다 여름밤

2월, 빗방울

실버들 빈 가지에
방울방울 모여 앉아

쪼르르 미끄럼 타다
줄줄이 착지한다

머잖아 다가올 봄을
알리러 나서나 봐

아롱다롱 꽃씨에게
파릇파릇 풀씨에게

겨울잠 갓 깨어난
꼼틀옴틀 벌레에게

하나도 놓치지 않고
목, 촉촉 적시나봐

바쁘다 바빠

땅속엔 누가 있어
보글보글 물을 끓이나

모락모락 김이 올라
선잠 깬 봄바람이

쭈욱쭉 기지개켜더니
들녘으로 내 닫는다

버들개지 눈 띄우며
언 물소리 녹이면서

지레 핀 어린 산수유
꽃가지를 부비다가

유채꽃 노랗게 지른
저 바람 바쁘다 바빠

04 올이 성근 점묘화

겨울, 익다
메밀꽃을 보며
어떤 사랑법
데칼코마니
백일
지지 않는 목련
괜찮아
다랑논, 봄나들이
가을, 그 친구
제사
두 마음
낭낭이를 보며
한내천, 도화
보리타작, 그 시절
빅 뉴스

겨울, 익다

스레트, 삭은 지붕 싸락눈이 덮는 저녁
얼기설기 돌담 새로 빈 바람만 들락날락
턱을 괸 감나무 홀로
지난날에 젖는다

삼꽃 줍넌 야윈 누이 풋삼은 더 살삽댔지
동글 납작, 푸른 뺨에 노을빛 물이 들면
온 가족 환호소리도
함께 따라 익었던

갈채는 떠난 지 오래, 고독에 덴 주저리
이 겨울도 소식 없는 늙은 주인 하마 올까
알전구 손질을 한다
저 느꺼운 만등불사!

메밀꽃을 보며

인적 뚝, 끊어진 옛 기찻길 자락 따라
소금 한 섬 뿌려 논 듯 토닥토닥 이는 밀어
창공에 볼을 부비며 그리움을 볶고 있다

불현 듯 동이와 허 생원, 나귀 몰고 스친다
희디 흰 달빛 끌며 긴 그림자 두런두런
어긋난 사랑이 뭉긋, 올이 성근 점묘화

더 촘촘히 그리라고 재우치며 기우는 달
생원의 늙은 나귀, 고삐 슬쩍 내가 잡고
색 바랜 미완의 언약, 점 점 점 덧칠한다

어떤 사랑법

1
엄마가 시장가는 날, 네 남매 다 나선다
저요, 저요! 간절한 눈빛 누구 손을 잡아 줄까
엄마의 솔로몬 해법은 다 들 집을 보라셨다

슬몃, 샛문으로 엄마 몰래 내달린 나
5일장 반 마장 길을 먼저 가서 기다렸시
엄마는 꾸지람 대신 과자 두 봉 사 주셨다

2
베란다 꽃발치서 눈치 보던 괭이밥풀
햇발도 이른 봄 날 고개 먼저 쏘옥, 내민다
엄마 빛 물뿌리개로 목 촉촉 적셔 준다

데칼코마니

울긋불긋 수를 놓아 매무새 고운 남산
바람은 놓칠세라 갈대 붓 휘어잡고
반곡지 말간 수면에 맞선꼴로 본을 뜬다

부리 긴 새 한 마리 물비늘 툭! 치고 날자
조용한 가을 산이 소스라쳐 몸을 튼다
개켜둔 추석빔 두 벌 사붓사붓 펼쳐 든 채

담 높은 집 고명딸 미순이가 뽐을 내던
삼회장 갑사 저고리, 눈이 아린 다홍치마
딸아이 열한 살 투정, 눈물 꽃을 피웠다

밤 세워 그 추석빔 쏘옥 배낀 엄마 솜씨
설익은 손끝으로 나도 달아 본을 뜬다
숡다 만 목화 한 송이 낮달로 오는 하오

백일

백일 난
손주 녀석

뭐가 저리
궁금할까?

구슬 눈
반짝반짝

꽃 입술
옹알옹알

저 혼자
묻고 답 하네

한 우주를
읽나 보네

지지 않는 목련

—육영수 여사 생가에서

1

솟을 대문 들어서자 감겨오는 풀빛 향기

연당의 백련 홍련이 옹긋옹긋 꿈을 빚는

교동 집 아흔아홉 칸, 봄 햇살이 분주합니다

2

안 채, 작은 꽃자리 사진속의 세라복 소녀

목련을 쏙 빼닮은 그 미소를 읽습니다

무궁화 수놓는 손 길, 달빛이 다독이고

3

어둠을 닦고 있던 범종도 목을 놓던

하늘 길 오른 그 날, 번개처럼 스칩니다

다정히 일으켜 주던 아픈 손들 남겨 둔 채…

4

윤슬 결 님의 향기 기도처럼 일어나서

아직도 천지사방 목련꽃 부십니다

그 사랑 삼 백 예순 날 자국마다 고입니다

괜찮아

들 일 나간 엄마 얼굴
글 고랑에 불쑥불쑥

하던 숙제 밀쳐 두고
서툰 저녁 안친다

언제쯤
밥이 익을까
아궁이만 다그친다

노란 연기 몽실몽실
솥뚜껑을 탈출 한다

소녀의 울음보에
서둘러 핀 저녁 분꽃

엄마는
그 꽃빛에 그만,
토닥토닥 "괜찮아"

다랑논, 봄나들이

아버지, 우리 아버지 여긴 언제 오셨나요
섬진강 벚꽃구경 저 먼저 오셨네요
다정히 육남매 끼고 산 둔덕에 앉으셨네

가난이 감꽃처럼 지천으로 피던 유년
쇠스랑도 지쳐 누운 산비탈 여섯 배미
아버지 질박한 꿈도 다랑다랑 키우시던

말들이 두레박으로 셀 수 없이 퍼 올린 달
어깨 결어 두렁 되고 품 열어 물길을 튼
아버지, 그 젖은 달도 한 달음에 왔네요

가을, 그 친구

기적소리 떠나버린 남도 어느 코스모스 역
별안간 소녀가 되어 친구 보듯 꽃을 본다
가녀린 목을 뽑으며 반색하듯 나부끼는

반가워, 내 손끝이 닿자마자 그렁그렁
회오리기 이빨질 한 열여섯 분홍 꽃잎
갈가리 소문에 찢겨 학업마저 놓고 떠난

교정의 그 가을도 코스모스 흐드러져
흑백의 사진 속엔 웃음 아직 따스한데
녹이 슨 철길을 따라 멀어가는 코스모스

제사

생전에 차마 못 드신 갖은 음식 차려 놓고
아들, 손자 다 모여서 정성껏 절 올린다
돌 지난 증손자 녀석도
납죽납죽 시늉하고

촛농의 눈물에 비친 그 생을 되감다가
일흔의 며느리가 느스레 듬뿍 얹어
"어머님, 커피 드세요"
반색하시듯 김이 오른다

두 마음

'죽어야지'를 달고 사는

구순의 남촌 할매

증손자 안아 본 날

고손자 타령 한다

눈앞에

잔별 하나가

가물가물 오다, 간다

낭낭이를 보며

1
남도 땅 길모퉁이 땅거미 푸른 저녁
볼끈 쥔 아이 주먹, 고만하던 털 복송이
불식간
에미를 놓치고
파르르 떨고 있던

2
그 에미 털어내고 가족으로 함께 십년
서랍 속 들락날락 벽 마다 이랑을 타도
그 눈짓
묘猫한 아양에
회초리도 삼가던

3
빛바랜 털 웅크리고 가랑가랑 꿈을 꾼다
털실뭉치 드리볼 하며 에미랑 뒹구나 봐
툭, 놓은
흰 수염 한 올
노을빛에 젖는다

*낭낭이 : 길고양이의 애칭.

한내천, 도화

춘풍 이불 아래 서리서리 정을 괴던
그녀가 온다는 소문에 용각산이 왁자지껄
늦잠 깬 자귀나무도
눈 비비며 듣는다

트레머리 단장하고 바람 불러 춤을 춘나
터벌림 열 장단에 남실대는 저 춤사위!
햇살은 내리 꺾이고
청산마저 기웃대고

함초롬 젖은 눈에 별 하나 떠 오른다
저만치 서성이는 벽계수, 그를 따라
기꺼이 몸을 날린다
한내천, 붉다

보리타작, 그 시절

벹 익은 망종이면 보릿고개도 턱에 닿아
기다린 보리누름 들녘에 그득 하네
허기진 솥도 덩달아
스멀스멀 생기 돌고

힘겨운 마당질은 입타령이 제 격이라
메추리란 놈 옹헤야 보리밭에 옹헤야~
한 나절 메기고 받네
잘도 하네 옹헤야

어른 아이 할 것 없이 막걸리잔 돌아가네
바람 한 잔 나도 한 잔, 도리깨도 얼큰한가
덧배기 춤사위 놀 듯
빙글 도네 옹헤야

빅 뉴스

꽃 중의 꽃 모여 사는 부차드 가든 눈앞일 쯤
먼 나라 국경을 건너 전화 한 통 날아온다
"세준이 손가락 빨아요 엄지 검지 한꺼번에…"

두 달 난 손주 녀석 눈에 솔솔 안겨 든다
와, 이건 빅 뉴스다! 꽃들도 눈치 챘나
팡 팡 팡 팡파레 핀다 무지갯빛 번진다

*부차드 가든 : 캐나다에 있는 세계적인 꽃동산.

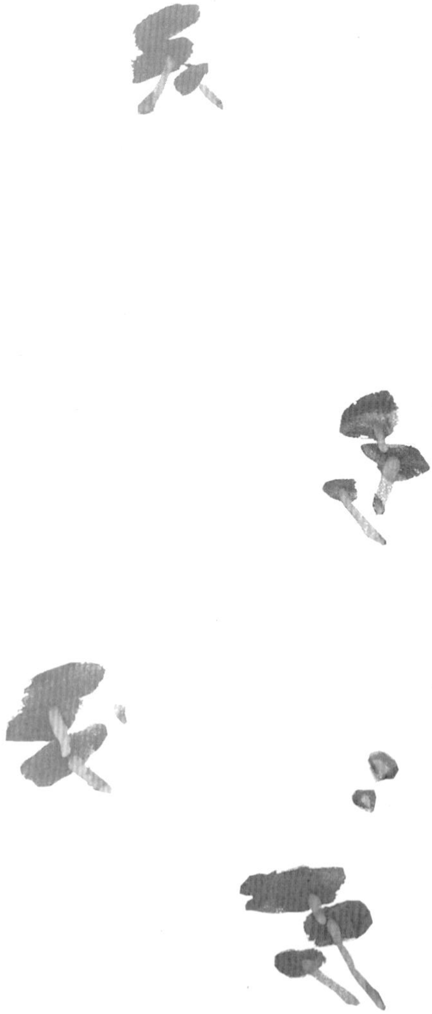

05 작품해설

동심童心의 재발견,
혹은 자기 응시凝視의 시

/민병도

동심童心의 재발견,
혹은 자기 응시凝視의 시

민 병 도 | 시인, 한국시조시인협회 이사장

1

결과적으로 시는 물음이다. 또한 시는 대답이다. 때로는 대답 없는 질문이기도 하며 경우에 따라서는 질문 없는 대답이기도 하다. 대면한 물상이나 사건에 대한 물음에 먼저 반응하는 경우도 있고 자신에게 내장된 인식체계로 대답부터 먼저 내놓는 경우가 있기 때문이다. 그러나 대부분의 경우 자신이 묻고 자신이 대답하는 자문자답의 율격체 문장구성을 시로 이해한다. 그리고 그 같은 관계성이 조화롭게 이루어졌을 때 독자들의 이해를 높이고 공감대를 불러일으킬 수가 있다.

하지만 대체로 물음과 대답의 경계는 모호하다. 물음은 상승형 인식체계의 영역이고 대답은 하강형 인식체계의 영역이기 때문이다. 그러므로 어린 시절에는 물음이 많고 나이가 들수록 대답이 많아진다. 어디까지가 물음의 나이이고 어디서부터 대답의 시기인지는 구분이 어렵다. 중요한 것은 건전한 물음이 건전한 대답을 도출한다고 보았을 때 합리적이고 차별화된 물음이야말로 논리적이고 정의로운 대답의 열쇠와 같다는 점이다.

시를 통해서 나타난 물음은 그러나 수리적이거나 합

목적적인 대답을 구하는 문항과는 차이가 있다. 시에서의 물음은 형이상학의 영역으로 대답과의 경계가 모호한 경우가 많다. 설사 경계를 설정한다 하더라도 이때의 경계는 사람들의 욕심이 만든 분별의 흔적일 뿐이기 때문이다. 시가 언어를 통해서 발굴해내는 마음의 민낯이라는 점에서 볼 때 경계의 의미는 다만 생각이 만드는 착각에 다름 아니다.

그러므로 물음의 편에서 시를 접근할 것인가 대답의 편에서 시에 다가설 것인가 하는 점은 매우 다른 결과로 이어진다. 우선 끊임 없는 물음으로 진단의 편에 서는 경우는 생각의 건강성을 높이고 사색의 폭을 넓혀 오진율을 줄이기가 용이할 것이다. 상대적으로 진단을 우선시하는 편에 서는 경우 자신의 지적, 체험적 잣대로 처방을 서두르게 되어 불확실성을 가중시키기 십상이다. 따라서 시의 길에 나선 초행자들의 경우 건강한 물음 자체와 친숙해져야 한다. 그래야만 자기 자신을 구분해 낼 수가 있고 기성의 아취에 휘둘리지 않으며 자기표절과도 거리를 유지할 수가 있다.

최화수의 두 번째 시조집 『미완의 언약』을 읽으면서 우선 섣부른 대답보다 다양한 물음에 주목하게 되었다. 그리고 그 물음의 단초는 동심의 순수성이라는 점과 그 순수성의 전개양상에 집중하는 응시라는 점도 함께 읽을 수가 있었다. 여기서 말하는 동심은 인식의 체계 뒤에 지워진 추억이 아니라 순수지향성의 물음의 의미이며 응시란 진실에 접근하려는 관찰력의 수단을 말한다. 순간적인 물음에 대한 섣부른 대답보다는 그는 다양한 추가질문으로 물음의 순도를 높이려 한 흔적이 역력하다.

2

『미완의 언약』에는 62편의 작품이 4부로 나누어져 있다. 대체적으로 보면 작의作意의 색깔에 따라 편성한 것으로 보이나 여기서는 독자의 이해도를 돕는 쪽으로 몇 편을 골라서 읽어보고자 한다.

꿈 하나 꼽쳐 쥐고 바다를 탈출 했네
종이옷으로 갈아입고 살점마저 발라낸 몸
창공을 고누어 나네, 해를 섬긴 어미처럼

꼬리를 곧추세워 하늘 길을 오르네
바람을 경배하여 천둥 번개 피하라던
얼레의 지엄한 당부, 붙대다 놓칠 줄이야

무지개 능선 위로 날개 한 쌍 다가오네
어머니, 새가 되어 '태양을 먹은 새' 되어
겨운 빛 안겨주시네 해를 훔킨 오색 연

*태양을 먹은 새 : 김기창 화백의 그림

–「가오리 날다」 전문

외형적으로는 하늘 높이 날고 있는 가오리연의 모습이다. 하지만 조금만 눈여겨 살펴보면 여기에 등장하는 '가오리 연'은 인간이 갖는 꿈과 갈망의 한 상징임을 알 수 있다. 바다에서 살아야 할 가오리가 '바다를 탈출'하여 '종이옷으로 갈아입고 살점마저 발라낸 몸'으로 마치 '해를 섬긴 어미처럼' '창공을 고누어 나'는 까닭은 무엇일까. 초장에서 밝힌 대로 '꿈 하나 꼽쳐 쥐'었기 때문이다.

첫 수가 가오리가 하늘을 나는 이유를 형상화하였다면 둘째 수에서는 지금 그 꿈을 향한 최극단의 실천을 보여준다. '천둥을 피하라던/ 얼레의 지엄한 당부'를 되새기며 '바람을 경배하여' '꼬리를 곧추세'우고 '하늘길을 오르'는 것이다.

그리고 셋째 수에 가면 그 갈망의 끝에 닿을 수 있는 새로운 세상이 전개된다. '무지개 능선 위로 날개 한 쌍 다가오'기 때문이다. 그 날개는 다름 아닌 '〈태양을 먹은 새〉 되어' 나타나 '겨운 빛 안겨주시'는 어머니였기 때문이다. 여기에 인용된 '태양을 먹은 새'는 주에서 밝혔듯이 어릴 적 얻은 병으로 귀머거리가 된 뒤 불굴의 노력으로 우리나라 대표화가로 이름을 떨친 운보 김기창이 그린 작품제목이다. 최 시인은 아마도 하늘로 치솟아 오르는 가오리연을 보면서 김기창이 보여준 그 혼신의 노력과 가오리연에 잠재된 갈망이 하나로 교차하는, 마치 신화와 같은 환상을 보았을 것이다.

물론 연이 통신체제가 미비하던 시절 전장애서 긴급 신호수단으로 만들어졌다고는 하지만 그 효용성이 사라진 지금도 겨울철이면 가오리연을 날리는 모습을 쉽사리 볼 수가 있다. 그리고 그 연을 보면서 소망을

적어 함께 띄우는 정도의 발상은 가져봄직 하다. 그러나 그 상상력의 끝에 한 위대한 예술가의 응어리진 삶을 떠올리고 그 삶의 지향점에 밝은 태양빛을 배치함으로써 마치 축약된 한 편의 서사시를 읽은 듯 한 환상에 젖게 하였다. 이야기의 전개나 구성력, 메시지의 전달력에 있어서도 상대적으로 성공한 작품으로 읽혀진다.

새해 아침 양말들이 해맞이를 하고 있네
베란다 빨래걸이에 오순도순 걸터앉아
동녘의 햇귀를 당기며 언 발을 호호 불며

다랑논 오르막길에 늘쳐진 할아버지와
갓 걸음마 앙증맞은 꼬꼬마 손주들도
척척척 발을 맞추며 벅찬 꿈을 다지네

기가 죽은 외짝들도 덥석덥석 새 짝을 맞아
색 달라도 도란도란, 엇난 무늬도 끄덕끄덕
짝짝이 저 미쁜 결의決意, 슬픔마저 부시네
–「어떤 해맞이」 전문

마치 한 폭의 단색회화를 보는 듯하다. 시의 화자는 지금 새롭게 한 해를 맞이하면서 빨래걸이에 걸어둔 채 걷지 않은 양말 빨래를 발견하게 된다. 빨래로 걸린 양말에게 해가 바뀌는 것이나 해맞이가 무슨 의미가 있으랴. 하지만 이때의 양말은 단순한 빨래가 아니다. 시적 화자가 사람의 의미를 투사하였기 때문이다. 하기야 이 같은 시적 소재의 확장과 기법은 전혀 새로운 것이 아니다. 그럼에도 호기심을 자극하는 까닭은 그 비유가 기발하기 때문이다.

첫째 수에서는 '베란다 빨래걸이에 오순도순 걸터앉아/ 동녘의 햇귀를 당기며 언 발을 호호 불며' 해맞이를 하고 있는 양말과 그 곁에서 한 해의 소원을 빌며 해를 바라보는 가족들의 모습이 자연스럽게 겹친다. 그리고 이내 그 주인공의 신상들이 소상하게 드러난다. '다랑논 오르막길에 늘쳐진 할아버지와/ 갓 걸음마 앙증맞은 꼬꼬마 손주들'이 그들이다. 물론 이는 설정이다. 독자들의 교감을 이끌어내기 위해 선택한 스토리텔링이다. 오랜 기간 세상사를 경험해온 할아버지와 새로운 세상을 향한 호기심 많은 손주들의 설정이 시너지 효과를 이끌어 내기에 충분하다.

그리고 마지막 수에서는 '기가 죽은 외짝들도 덥석덥석 새 짝을 맞아/ 색 달라도 도란도란, 엇난 무늬도 끄덕끄덕' 하나로 화해하고 소통하는 장면을 연출하고 있다. 그리하여 '슬픔마저 부'신 '짝짝이'의 '미쁜 결의'라는 다소간의 자의적 진단마저도 시대정신을 치유해야 하는 시인의 풀지 못한 숙제처럼 남겨두었다. 아무리 흔한 장면일지라도 시인의 관찰력과 사유를 만나면 한편의 잠언 같은 시편이 될 수 있음을 보여준 작품이다.

이처럼 최화수의 시계에 포착되는 피사체는 대부분 동영상이 아니라 정지된 화면으로 클로즈업된다. 이는 아마도 최화수가 아이들의 미술을 통한 상상력 개발과 미술치료라는 남다른 교육경험에서 확보한 전문성 때문이 아닌가 여겨진다. 이와 같은 남다른 관찰력과 사색의 차별성은 다음의 짧은 시편에서도 잘 드러나 있다.

속적삼 겹겹 입고 더벅머리 빗질 놓고

삼복을 견디면서 목숨 겨눈 장좌불와

그 몸을 엿보다 흠칫, 모로 박힌 생 사리舍利

–「옥수수」 전문

소재는 흔하디흔한 옥수수일 뿐이다. 하지만 이 옥수수에 투사된 장면들은 자신의 정감과 자신의 의지와 자신의 희구가 뒤섞인 자기 대물代物이다. 초장의 '속적삼 겹겹 입고 더벅머리 빗질 놓고'만 보면 영락없는 사람의 행동이다. 소위 "물아일체" 즉, 사람과 물체를 동일시하여 감정을 이끌어 내는 방법의 전형적인 모습이다. 그렇다면 왜 이다지도 상식적인 방법으로 독자들의 마음을 얻으려 하는가. 그것은 자기 체험이라는 동질성을 모든 독자들에게 접종하고 배양시키고자 하는 노림수가 있어서다.

더구나 둘째 수에 오면 '삼복을 견디면서 목숨 겨눈 장좌불와'를 끄집어내어 극단적 상황으로 이끌어 관심을 확장하고 있다. "장좌불와"가 무엇인가. 불교에서

행해지는 '결코 눕지 아니하고 꼿꼿이 앉은 채로만 수행하는 방법'이 아니던가. 인간의 의식체계가 삼을 수 있는 극단의 수행법, 그러나 자신은 감히 엄두도 낼 수 없는 실천을 옥수수에세서 찾아낸 것이다. 그러니 이 장면에 오면 자신의 체험이 아니라 자신의 실정실감을 대신하고 있다는 것을 알 수 있다. 즉, 견지자적 입장에 서면서 보다 객관화하려는 뜻이 드러난다.

그리고 종장에 오면 그나마 이어지던 상상의 실마리가 탁 끊어진다. 마치 얼떨결에 받아든 화두話頭처럼 의식체계가 한 순간에 정지되어 버리기 때문이다. 장좌불와라는 고도의 수행을 행해온 '그 몸을 엿보다, 모로 박힌 생 사리舍利'를 발견한 것이다. 사리는 일반적으로 사후 열반한 신체에서 확보하는 것이 통례이지만 가끔씩은 살아 있는 몸에서도 사리가 튀어나왔다는 기록이 있다. 이 어렵고 귀한 사리로 온몸을 가지런하게 장식한 옥수수에서 용맹정진한 구도자의 모습을 보았다니 이 얼마나 깊고 투철한 신앙인가.

3

시를 쓰는 일은 자아를 발견하는 일이다. 사람은 생태적으로 눈이 앞으로만 보도록 구성되어 있어서 옆을 보거나 뒤를 돌아보려고 하면 몸을 돌려야 한다. 사실상 자신을 볼 수 있는 방법이 없다. 그래서 편리상 거울을 활용하지만 거기엔 자신의 모습이 거꾸로 비쳐보이게 된다. 남들에게 비쳐진 모습을 간접적으로 활용하는 방법이 있을 테지만 또 거기엔 객관성이

보장되지 않는다. 그러기 때문에 소위 역사 이래로 자신의 흔적에서 자기를 발견하려는 시도가 지속되어 왔다. 가장 오래된 원시인들의 동굴벽화로부터 시작하여 노래를 부르고 글자를 만들어 자신의 감정을 표현하는 글을 써왔던 것이다. 모두가 자기를 표현하여 그 표현에 담겨진 자아를 확인하기 위함이다. 그리고 이처럼 자아를 만나기 위한 노력들은 나이가 들수록 더욱 더 간절해지기 마련이다.

최화수의 경우 이미 이 시대의 어린이 교육에 평생을 바치고 또 다른 자아를 찾아야 한다는 원초적 갈망을 찾아 시를 쓰기 시작한 것으로 보인다. 그리고 그 구체적인 선택지가 시조였을 뿐이다. 어쩌면 오랜 기간 체득되고 민족의 혈맥 속에 검증되어온 시조의 전통과 가락, 그리고 호흡이 자기 취향에 맞아떨어졌을지도 모를 일이다. 어쨌거나 최화수의 이번 시집에 발표된 시편 모두가 종내는 자신의 현상에 가려진 참 나를 찾아가는 다양한 시도라는 점을 염두에 두고 따라가면 이해가 빠를 것이다.

패트병, 물 가득 부어 오미자 한 줌 풀었다
꼬들한 성깔대로 수면에서 버티는 그녀
"하루면 녹아날 거요" 상인의 말 믿을까?

하마나 경계를 풀고 슬며시 다가서나
한 나절 눈 못 떼고 어르다, 다그치다
마침내 속내를 푼다 분홍빛 우련하게

제 살을 우려내어 저렇듯 섞이면서
어느 새 새콤달콤 홍자색 찰랑댄다
사랑은 가없이 서로, 스며드는 것이라며
–「스며들다」 전문

말린 오미자를 파는 장사의 '하루면 녹아날 거요'라는 부추김에 덥석 사고는 믿음 반 의심 반으로 자신을 재우치는 생활인의 한 단면이다. 첫 수에서 표현한 대로 '패트병, 물 가득 부어 오미자 한 숨 풀어 놓고 한 참을 기다려도 풀리지 않고 '꼬들한 성깔대로 수면에서 버티'자 '상인의 말 믿을까?' 의심을 하게 된다. 누구라도 한두 번쯤 가져보았음직한 상황이다.

둘째 수를 보면 그러기를 한 나절은 보낸 모양새다. '한 나절 눈 못 떼고 어르다, 다그치'자 '분홍빛 우련하게' '마침내 속내를 푼' 오미자 음료수를 만나게 된다. 이 내용만 보면 이것도 시가 되느냐고 의심할 만큼 평범한 일상의 한 단면이다.

그런데 역시 시인의 생각은 예리한 촉수를 지녔다. 자신이 만나고자 한 자신의 모습 하나가 거기에 있었던 것이다. '제 살을 우려내어 저렇듯 섞이면서/ 어느 새 새콤달콤 홍자색 찰랑'대기 때문이다. '사랑은 가없이 서로, 스며드는 것이라며' 실천적으로 보여주는 오미자의 실천행이야말로 자신이 놓쳐버렸던 아름다움이 아니었던가. 바로 그것이었다. 자그마한 일에도 의심부터 발동하는 지금의 자기 모습을 나무라며 모든 일에는 순서가 있고 시간이 필요하다는 것을 일깨워 주었으니 말이다.

그러나 더욱 중요한 것은 이 잠시 동안의 관찰과 사색을 통해서 자신의 내면에 묻혀 잠자는 모성애를 재발견해 내었다는 의미이다. 그리고 그것은 초발심으로 돌아가는 또 하나의 계기가 된다는 점이다.

달포 째 굳게 닫힌
낡은 셔터 누가 여나

민들레 어린 손이
까치발로 노크를 하네

세상은 환한 두려움
귀를 쫑긋 세우네
–「어떤 응원」 전문

자기 정신의 건강성을 진단하는 또 한 편의 작품이다. 이 작품 역시 외형적으로 봐도 소품일 뿐 아니라 소재에도 별다른 차별성이 보이지 않는다. 그러나 여기에도 자신의 내면에 어떤 심성이 잠재되어 있는지를 검정하는 실험문항이 여럿 깔려있다. 초장 '달포 째 굳게 닫힌/ 낡은 셔터 누가 여나'에서 보듯 지금 시적 화자의 렌즈에는 어떤 일인지 모르지만 문이 굳게 잠긴 가게가 포치되어 있다. 표현된 정황만으로도 여러 가지 불안감이 얼비쳐 바짝 긴장하게 만들어 놓았다.

그런데 그 우려와는 하등의 관계없이 '민들레 어린 손이/ 까치발로 노크를 하'고 있는 것이다. 다소 생뚱맞고 극직인 실징이 아닐 수 없다. 한창 경세활동을 해야 하는 한 사람의 생활인이 달포 째 문을 닫은 상황이 연출하고자 하는 불안감을 아랑곳 않고 그 사이 민들레가 자라나 셔터 문을 두드린다고 연출하였다. 상대적 관계가 아닌 절대적 존재로서의 응원인 것이다. 참으로 역설적이면서도 기발한 발상이다.

그런데 이 작품의 묘수는 마지막 종장에 있다. 그 와중에 '세상은 환한 두려움/ 귀를 쫑긋 세우네'라는 반전 카드를 던진 것이다. 일반적으로 이런 정황이면 그 셔터문의 주인에 대한 물음에 집중한다거나 민들레를 자기 카타르시스의 한 방편으로 활용하기 십상이다. 그런데 여기서는 '세상은 환한 두려움'으로 표현하여 내 것이 아닌 슬픔에는 인색하여 차별화를 하지만 가슴 한 구석으로 밀려오는 두려움을 외면하지 못하고 있다. 그러면서 소시민으로 할 수 있는 것은 아픈 이웃에게나 세월 모르고 자라는 풀포기에게나 '귀를 쫑긋 세'울 뿐이라는 진단이다. 특별히 이 작품은 3장 6구라는 시조의 구성체계를 매우 잘 활용한 사례로 읽혀진다.

동백꽃 다 울려 놓고 시큰둥한 봄바람
동피랑 오르막길 야지랑 치며 오르다가
벽화들 수상한 눈짓에 딱, 걸려 발 멈춘다

벼랑 틈 사이에 풀꽃이 쪼그린 채
금세 바다로 뛸 듯 아찔하게 내려다본다
바람은 부동자세로 눈 화살을 겨누고

어쩌면 저 벼랑에 보금자릴 틀었을까
볕뉘가 기른 씨앗 솜털 옷 입히고 있는
저 풀꽃 아금바른 꿈, 바람은 판독 중이다
–「봄바람, 동피랑에 멈추다」 전문

'동쪽 벼랑이란 뜻이며 통영에 있는 벽화마을로 알려진 곳'이라는 주註가 붙어 있는 현장답사 시이다. 여기서도 시적 화자는 비교적 사실적인 현장 스케치에 열중하고 있다. 첫 수에서는 동피랑에 오르다가 어느 벽화 앞에 멈춰선 과정이 그려졌고 둘째 수에서도 아찔하게 버티는 벼랑과 그 벼랑을 의지하고 자란 풀꽃에 시선이 멈춰져 있다. 그리고 셋째 수에 가면 바람에 흔들리고 있는 풀꽃의 생명력에 외경감을 나타내 보이는 구도를 형성하고 있다.

다만 '볕뉘가 기른 씨앗 솜털 옷 입히고 있는/ 저 풀꽃 아금바른 꿈, 바람은 판독중이다'라는 표현상의 변화와 기교, 그리고 거기에 부과한 삶의 아픔이 시의 이름으로 재생되었다. 여기서 '바람이 판독중'인 '풀꽃'의 '아금바른 꿈'이란 풀꽃으로 상징된 달동네 민초들의 그것이 아니겠는가. 이 작품에서도 너무나 평이한 주변적 소재를 어떻게 작품화 하는가를 잘 보여주었다.
 그런가 하면 계절적 변화를 이끌어내는 물상들에 대한 다음의 스케치 소품들도 눈을 붙잡는다.

①장다리 노란 꽃 떼

목덜미 휘어질라

철부지 봄바람은

막무가내 목마를 타고

나비도 소풍을 나와

날개 접고 꽃이 된 날

②누가 저 산자락에

불씨 묻어두었나

봄바람, 보얀 입김

연신 불어 대더니만

불이다! 여기저기서

화르르 타는 불, 꽃

작품 ①은 「봄날」 전문이고 작품 ②는 「진달래꽃」 전문이다. 두 작품 모두 봄을 소재로 하지만 소재에 정체성이나 인식 또는 논리를 투사한 결과물이 아니라 사물의 비틀어보기, 혹은 달리보기를 통한 감각적 접근의 소품이다.

작품 ①에서는 화사하게 핀 유채꽃을 시샘하듯 불어오는 바람의 이미지와 미물인 나비마저 소풍을 나와 꽃과 하나가 된 '봄날'에 대한 파스텔화 같은 감각이 특징이고 작품 ②는 '하르르 타는 불'처럼 온 산에 번지는 진달래꽃에 대한 경이로움과 그 불씨의 근원이 되는 자연의 오묘함을 잘 버무린 발상이 특징이다.

문제는 이 같은 작품에서의 물음과 대답이겠는데 아예 작품 ①에서는 물음조차 접근하지 않았다. 물음이 있어야 대답, 즉 진단이 내려지게 되는데 물음조차도 꺼내지 않는 지나친 조심성은 자칫 처방의 기회마저 잃을 수가 있다는 점에서 보다 적극적인 대처가 있어도 좋지 않을까 생각된다.

4

시를 쓰는 자기만의 다양한 보법이 있겠지만 대체로 시력이 짧은 경우 현장시를 많이 쓰게 된다. 현장시라고 해서 다 같은 것은 아니다. 문화유적지 관람기나 명승지 유람기 같은 자기 해소의 시가 있는 반면 현장성의 의미진단과 체득한 정신성을 투사하여 자신의 현주소를 찾아 새로운 길라잡이로 활용하는 경우도 있다. 또 더 나아가 지역적, 역사적 의의와 사회적 명분, 철학적 고찰 등을 통해서 공동체적 좌표나 이념적 방향성을 구축해내기도 한다.

최화수의 시조는 대부분이 두 번째의 경우라 하겠다. 즉 자신의 인식과 체험을 투사하여 자기모습을 만나고 다음 길을 정하는 패턴인 것이다. 여기에 또 한 편의 자기를 찾아가는 발걸음이 있다.

인적 뚝, 끊어진 옛 기찻길 자락 따라
소금 한 섬 뿌려 논 듯 토닥토닥 이는 밀어
창공에 볼을 부비며 그리움을 볶고 있다

불현 듯 동이와 허 생원, 나귀 몰고 스친다
희디 흰 달빛 끌며 긴 그림자 두런두런
어긋난 사랑이 뭉긋, 올이 성근 점묘화

더 촘촘히 그리라고 재우치며 기우는 달
생원의 늙은 나귀 고삐 슬쩍 내가 잡고
색 바랜 미완의 언약, 점 점 점 덧칠한다
–「메밀꽃을 보며」 전문

이번 시집의 표제로 인용된 '미완의 언약'이 나오는 작품이다. 이효석의 대표소설 「메밀꽃 필 무렵」의 무대인 강원도 평창군 봉평면 현장에서의 감상문으로 읽혀진다.

첫 수에서는 '소금 한 섬 뿌려 논 듯' 하얀 메밀꽃이 '창공에 볼을 부비'는 현장 모습을 옮겨놓고 있다. 둘째 수에선 문득 전에 읽었던 「메밀꽃 필 무렵」의 소설 속으로 들어가 '불현듯 동이와 허생원'을 만나고 '올이 성근 점묘화'처럼 남아있는 '어긋난 사랑'에 아리는 가슴을 쓸어내린다. 그러다 셋째 수에 가면 급기야 화자가 직접 개입한다. '생원의 늙은 나귀 고삐 슬쩍 내가 잡고' 아름답고 슬픈 '색 바랜 미완의 언약'에 '점 점 점 덧칠한다'. 작품 속에서의 아쉬움을 채워주려는 안타까움 때문이다.

사실 이런 형태의 현장체류기는 가장 흔히들 도입하는 작품 소재 가운데 하나일 것이다. 문제는 어떻게 독자적으로 읽어내고 차별화되게 표현해 낼 것인가 하는 점이다. 거기서 시인의 심성과 사고방식, 나아가 가치관이 표출되기 때문이다. 이 작품에서는 셋째 수의 '생원의 늙은 나귀 고삐 슬쩍 내가 잡'음으로써 자신이 마치 주인공인 것처럼 장면 속으로 몰입되어 현장성을 확장시키고 있다. 말하자면 시인의 경험을 공유하는 수단으로 접근하는 견지자적 입장이 아니라 주인공의 역할을 자원함으로써 메시지의 전달효과를 높이는 것이다.

같은 맥락의 현장 시이면서도 착상이 판이한 또 한편의 작품을 보자

> 아버지, 우리 아버지 여긴 언제 오셨나요
> 섬진강 벚꽃구경 저 먼저 오셨네요

다정히 육남매 끼고 산 둔덕에 앉으셨네

가난이 감꽃처럼 지천으로 피던 유년
쇠스랑도 지쳐 누운 산비알 여섯 배미
아버지 질박한 꿈도 다랑다랑 키우시던

말들이 두레박으로 셀 수 없이 퍼 올린 달
어깨 겯어 두렁 되고 품 열어 물길을 튼
아버지, 그 젖은 달도 한 달음에 왔네요
—「다랑논, 봄나들이」 전문

이 작품의 계절은 벚꽃이 핀 3월말이며 장소는 섬진강 주변의 어느 산비탈 다랑논이다. 첫 수에서 드러난 정황이다. 그런데 여기서 화자가 만난 것은 벚꽃도 다랑논도 아니고 '다정히 육남매 끼고 산 둔덕에 앉으'신 아버지이다. 둘째 수를 보면 그 아버지는 '가난이 감꽃처럼 지천으로 피던 유년' 해종일 산밭을 일구느라 '쇠스랑도 지쳐 누'웠던 시절의 '질박한 꿈도 다랑다랑 키우시던' 아버지였다.

물론 아버지의 잔영이었다. 한 끼의 양식을 구하기가 죽음보다 어려웠다는 보릿고개 시절의 여느 아버지인들 달랐으랴. 아무리 힘겹게 일군 산밭 다랑논이라고 해도 때맞춰 비가 내려줘야 수확이 용이한, 그야말로 천수답이 아니었던가. '어깨 겯어 두렁 되고 품 열어 물길을 튼' 다랑논 한 뙈기를 만들려고 온몸을 던져 젊음을 불태우시던 아버지였으니 세월인들 어찌 지워

낼 수 있었으랴.

그 천수답, 다랑논에 물을 퍼 나를 때 언제나 손을 내밀어 희미한 언덕길을 비추어 주던 달마저도 하늘가에 한자리 차지하였으니 어찌 완벽한 구도의 그림이 아니겠는가. 셋째 수의 마무리 장면만 봐도 최화수의 회화적 구성능력이 돋보인다. 그러나 얼핏 보아도 형상이 선명한 사실적인 기법의 그림은 아니다. 조금은 더 깊이 집중하고 사고의 깊이를 더하면 더할수록 이미지가 다가오는 반추상 계열의 그림이다.

이렇듯 시인은 자신의 체험을 통해서 얻은 새로움이나 의미를 독자들과 공유하기 위하여 자기만의 방식으로 문자를 빌리고 감정의 옷을 입힌다. 당연히 그 목표는 공감대의 확장에 있다. 아무리 애를 쓴 작품이라도 독자의 공감을 얻지 못한다면 좋은 작품이라고 할 수 없다. 또 독자의 공감을 얻었다 하더라도 그것이 새로움이나, 진리를 향한 진전된 가치를 함유하지 못한다면 역시 좋은 작품이 될 수 없다.

좋은 시가 지녀야 할 요소에는 보다 많은 물음 앞에서 당당하고 그 물음에 상응하는 답을 구해가는 모습이 담겨져야 한다. 대답이 두려워 물음 자체를 기피하거나 대답이 보편적 상식에 머무른다면 역시 좋은 시가 될 수 없다. 그것은 자신을 보호하기위한 감정의 배설일 뿐이기 때문이다.

5

지금까지 첫 번째 독자로서 최화수 시조집 『미완의

언약』을 읽어보았다. 전체적으로 드는 느낌은 '시가 젊다'는 점과 편편마다 회화적 공간구성을 즐겨 사용한다는 점이었다. 그가 종심從心의 연치임에도 불구하고 선택한 시어들이 한결같이 감각적이고 화려할 뿐 아니라 사물에 대한 극히 순진스러운 접근자세를 지니고 있었다. 이는 어쩌면 평생을 어린이들과 함께 한 교직생활에서 비롯된 동심童心의 확대 재생산이 아닐까 짐작된다. 그리고 회화적인 이미지 또한 어린이 그림지도에 탁월한 전문성을 지녔었기에 자연스레 구축된 시각으로 읽혀진다. 이런 점은 다른 사람들이 단시간의 노력으로 쉽게 접근하기 힘든 전문성이자 변별력이다.

그리고 그의 시조들은 대답의 시라기보다는 물음을 전제로 한 탐색들이 대부분이다. 따라서 좌충우돌하는 물음이 없기에 그의 시조 앞에서는 긴장할 필요가 없고 애매모호하거나 단호한 대답이 없기에 머리 아프게 붙잡히지 않아도 좋다. 이런 점은 물론 그의 시조를 가까이하는데 유리하다. 다만 이 같은 과정은 한 시적이어야 한다. 우리가 낯선 사람을 처음 만났을 때 상대를 알기까지는 자제하고 조심하는 것과 같은 과정이다. 끝까지 경계만하고 자기 심정을 감춘다면 상대를 알 수도 없을 뿐만 아니라 가까워지기는 힘들기 때문이다.

무엇보다도 최화수 시조의 미덕은 다양한 관심과 순수한 동심童心에서 찾을 수 있을 것이다. 소재의 다양성은 호기심의 다양성과도 궤를 같이 할 테지만 그만

큼 그의 정신건강이 좋다는 반증이기도 하다. 그 까닭은 자신의 인식이나 논리를 전달하는 수단으로 시조를 쓴다면 그만큼 소재가 제한적일 것이기 때문이다. 따라서 그 다양한 소재가 지향하는 각양각색의 정체성이야말로 그가 추구하는 가치질서일 것이다. 그리고 동심으로 접근함으로써 섣부른 대답으로 빚게 될 부작용에 대한 경계를 명확히 하고 있다.

여기서 또 한 가지 덧붙일 것은 그럼에도 불구하고 시상에 대한 집요한 탐색과 전개과정에 대한 강도 높은 자기 응시가 최화수 시조의 미래를 담보하고 있다는 점이다. 아무리 목이 말라도 지하수를 개발하려면 끝 모를 암반을 뚫어야 하듯이 지금의 이러한 시작법이라면 머잖아 충분히 목표한 암반수를 만날 수 있으리라 기대한다.